Originalausgabe

Herstellung und Verlag: BoD – Books on Demand, Norderstedt
ISBN: 9783751960410

Lyrische Demokratie

Unsere Demokratie ist ein wahres, politisches Wunder. Denn sie geht davon aus, dass alle Menschen das gleiche Recht innehaben und sie strebt in einem ständigen Prozess der unaufhaltsamen Verbesserung danach, alle Menschen zu befähigen, ihre gleichen Rechte besser wahrzunehmen. Demokratie bedeutet das Ende von Willkür, Diktatur und Autokratie. Demokratie ist der gelebte Traum echten, dauerhaften Friedens. Werde dir der Chancen bewusst, die in der Demokratie stecken und werde dir bewusst, dass die Demokratie deine aktive Mithilfe braucht, um eine heile und bessere Welt aufzubauen. Die lyrische Demokratie möchte dich inspirieren und dich dazu motivieren, rauszugehen und für die Demokratie zu kämpfen und zu leben.

Volkswille

Ein Volk.
Ein Wille.
Ein Friede
Und das Glück
Jedes Lebewesens.

Selbst
Sind wir
Und nicht regiert
Von Fremden.

Selbstbestimmt,
Statt fremdbestimmt.
Selbstbewusst,
Statt fremdbenutzt.

Ein Volk;
Ein Wille
Bringt Friede
Zu jedem Kind.

Alle oder keiner

Die erste Demokratie meines Landes wurde zerfetzt zwischen Links und Rechts. Die Rechten haben gewonnen, aber das ändert nichts an dem Fakt: Demokratie ist niemals Links oder Rechts!

Für ein freie Land.
Gegen Links und Rechts.
Für freie Meinungsäußerung.
Gegen Rechts und Links.
Für Menschen- und Erdlingsrechte.
Gegen Links und Rechts.
Für dauerhaften Frieden.
Gegen Rechts und Links.

Wacht endlich auf aus ihrem Alptraum! Wacht endlich auf aus ihren Lügengespinsten. Nur gemeinsam funktioniert Demokratie und deshalb funktioniert sie niemals nur Rechts oder Links! Denn Freiheit funktioniert nur vereint und gemeinsam.

Wählt!

Lebt frei
und wählt frei.

Denkt selbst
und wählt selbst.

Handelt bewusst
und wählt bewusst.

Bleibt gesund
und bewahrt euch
Geistige Gesundheit.

Helft einander
und helft bei der Wahl.

Kämpft gerecht
für eine faire Welt.

Anti-Kampf

Volk
Des Friedens,
Statt Herrschaft
Der Kriege.

Sie tricksen euch aus.
Sie erzeugen Gewalt,
Damit ihr daran glaubt,
Sie zu brauchen.

Die Alleinherrscher
Und Oligarchen
Schaffen Gewalt
Und erzeugen Angst.
Denn so kriegen sie euch
Überzeugt von ihrer Realität.

Doch Demokratie ist
Ein Friedenskind.
Demokratie gewinnt
Und bringt mehr
Als jede Autokratie!

Respekt!

Den Roten die Stirn bieten.
Den Braunen die Stirn bieten.

Den Diktatoren den Stinkefinger zeigen.
Vor den Königen und Königinnen
Den nackten Arsch entblößen.

Lasst uns respektlos sein
All denen gegenüber,
Die die Gleichheit aller Menschen nicht
Respektieren.

Die Roten und Braunen
Haben keinen Respekt
Vor der Menschlichkeit.

Diktatoren und
Königinnen treten
Die Menschlichkeit
Mit Füßen.

Bietet ihnen die Stirn!
Zeigt ihnen euren Widerstand!

Freie Demokratie

Freiheit und
Frei sein.

Frei bleiben
Und sich befreien.

Freies Land.
Freie Menschen.

Die Freiheit zu haben,
Für sein Recht zu kämpfen.

Die Freiheit bewusst zu lieben,
Wen man liebt,
Unabhängig von der Meinung
Des Systems.

Frei ist die Demokratie.
Ist sie nicht frei,
Ist es keine Demokratie,
Sondern bloßer Schein!

Kämpft!

Wenn wir nicht kämpfen,
Werden wir verlieren!
Glaubt nicht,
Dass wir sicher sind!

Kommunist*innen,
Faschist*innen,
Fundamentalist*innen,
Technokrat*innen
Und Monarch*innen
Warten nur darauf,
Uns zu versklaven.

Wenn ihr nicht kämpft,
Werdet ihr verlieren!
Glaubt nicht,
Ihr wärt sicher vor ihnen!

Kämpft!
Kämpft für Freiheit!
Kämpft für Gerechtigkeit!
Kämpft für Demokratie!

Nur in ihr

Wir fanden den Weg, der in den Frieden führt und
sein Name war Demokratie.

Wir fanden ein Leben ohne Aristokratie und Stände
und es war Demokratie.

Wir brauchen keine Arier und keinen Klassenkampf in
der Demokratie.

Wir kultivieren Mitgefühl und Liebe in unserer
Demokratie.

Wir sagen, wenn die Gewählten* scheiße sind und
kommen nicht in den Knast; denn das ist Demokratie.

Wir gehen auf die Straße, ohne dass uns die
Uniformierten erschießen; denn das dürfen wir in der
Demokratie.

Wir sagen, was wir denken ohne Angst; denn nur so
funktioniert Demokratie.

Recht und Unrecht

Jahrhunderte der Knechtschaft.
Generationen unterdrückt.

Kein Recht auf freie Meinung.
Kein Recht auf freie Liebe.
Kein Recht frei zu wählen.
All das gibt euch die Demokratie!

Für Freiheit steht die Demokratie!
Für gleiche Rechte steht die Demokratie!
Für Frieden steht die Demokratie!

Wählt, aber wenn ihr nicht wählt,
Dann wählt ihr Knechtschaft.
Wählt, denn wenn ihr frei wählt,
Dann wählt ihr Freiheit.

Generationenvertrag

Generationen unterm Joch
Ohne Recht und Wahlfreiheit.

Generationen an der Kette
Ohne Recht und Meinungsfreiheit.

Generationen als Knechte und Mägde
Von Königen und Königinnen.

Generationen im Zwang
Priesterlicher Zehntschaft.

Generationen kämpften
Den Kampf der Freiheit,
Damit zukünftige Generationen
Frei wählen und reden dürfen.
Kämpfe mit ihnen!

Wider die Aristokratie

Frei zu sagen,
Was man denkt,
Ohne die Obrigkeit
Zu fürchten:
Das ist Demokratie.

Doch auch hier
Versuchen sie uns,
Dieses Recht zu nehmen.
Wo ist die Demokratie?

Doch auch hier
Schüchtern sie uns ein
Mit einer Sache
Namens Hierarchie.
Kämpft für die Demokratie!
Zerstört die Hierarchie!

Zerreißprobe

Links und Rechts
Braucht den Streit.
Links und Rechts
Braucht den Konflikt.

Nur wenn wir
Uns misstrauen
Und tiefe Gräben bauen,
Lebt Links und Rechts.

Es gibt keine Einheit
Unter Links und Rechts.
Es gibt keine Harmonie
Unter Links und Rechts.
Es gibt keinen Frieden
Unter Links und Rechts.

Weimar wurde zerrissen
Zwischen Links und Rechts.

Lernen wir aus der Geschichte?
Lernen wir aus der Geschichte?
Lernen wir aus der Geschichte?

Nur in ihr

Regieren,
Ohne zu schikanieren.
Regieren,
Ohne zu terrorisieren.

Das sind Unterschiede
Zwischen Demokratie
Und Diktatur.

Die Diktatur
Terrorisiert.
Die Monarchie
Befiehlt.
Der Fundamentalismus
Bescheißt.
Der Kommunismus
Zerreißt.

Nur in der Demokratie
Liegt die Chance,
Liegt das Recht,
Liegt die Möglichkeit
Auf gleiches, faires Gesetz.
Nur in ihr!
Nur in der Demokratie!

Ohne

Fürchte dich
Vor jedem Führer!
Fürchte dich
Vor jeder Königin!

Nur sie selbst
Tun für sich selbst,
Was ihnen selbst
Nützt.

Niemals handelt
Der Führer fürs Volk.
Niemals kümmert
Sich die Königin
Wirklich um ihr Volk.

Was für sie zählt
Ist einzig ihr Selbst.
Ihre Fürsorge ist Fiktion.
Ihre Fürsorge ist Illusion.
Ihre Fürsorge ist die Lüge,
Die so vielen Unschuldigen
Brutal das Leben geraubt.

Demokratie ohne Führer.
Demokratie ohne Königin.
Demokratie ohne Aristokratie.
Demokratie ohne Arie(r).

Unsere Kinder

Unsere Kinder
Brauchen Frieden.
Sie werden ihn
Nur in der Demokratie
Finden.

Unsere Kinder
Brauchen Stabilität,
Die es nur in
Der wahren Demokratie
Gibt.

Unsere Kinder
Brauchen Sicherheit,
Auch die stellt ihnen
Die Demokratie bereit.

Unsere Kinder
Wollen Wohlstand.
Jener Wohlstand
Wird in der Demokratie
Gemacht.

Unsere Kinder
Wollen Spaß.
Den können sie
In der Demokratie
Haben.

Demokratie vs. Monarchie

Demokratie
Gibt es nie
In der Monarchie.

Einen König
Findest du nie
In einer echten
Demokratie.

Genauso gibt es nie
Einen Scheich,
Eine Königin oder
Nur eine Partei
In einer Demokratie.

Demokratie
Ist keine Monarchie.
Denn jede Monarchie
Ist unvereinbar
Mit den Idealen jeder
Wahren Demokratie!

Deine politische Pflicht

Deine politische Pflicht
Ist die Säule der Demokratie.
Erfüllst du sie nicht,
Wird das Haus einstürzen.

Deine politische Pflicht ist
Der Boden der gerechten Welt.
Erfüllst du sie nicht,
Werden viele Menschen leiden.

Deine politische Pflicht
Ist die Ursache für Frieden.
Erfüllst du sie nicht,
Kommt der Krieg zurück.

Deine politische Pflicht
Ist das Erbe deiner Kinder.
Erfüllst du sie nicht,
Werden sie in den Untergang rasen.

Deine politische Pflicht
Ist der Schatz der freien Welt.
Erfüllst du sie nicht,
Werden wir verhungern.

Ware Demokratie

Die Demokratie brauchte lange
Bis sie sich selbst gebar.
Die Demokratie lebt solange,
Bis wir vergessen das Wahre.

Wir sind hier freie Menschen
Und gesegnet mit Frieden.
Woanders müssen sie kämpfen
In sinnlosen Kriegen.

Danken wir der Demokratie,
Dass sie uns beschützt.
Danken wir dem Friedenssieg,
Der unsere Herzen erfüllt.

Wir sind gesegnet mit Wohlstand,
Der aus der Freiheit wächst.
Wir benehmen uns mit Anstand,
Der uns glücklich sein lässt.

Der Demokratie Gabe
Ist Frieden und Sicherheit.
Der Demokratie Ware
Ist ein faires Leben in Freiheit.

Kämpft für die Demokratie!

Wir müssen kämpfen,
Denn sie kann fallen!
Wer?
Unsere Demokratie!
Wessen?
Unsere!

Wir müssen kämpfen,
Denn sie kann scheitern!
Wer?
Unserer Demokratie?
Warum?
Weil wir nicht wachsam waren.

Wir müssen kämpfen,
Denn sie wollen sie zerstören?
Wer?
Monarchisten*, Kommunistinnen*,
Faschisten*, Oligarchinnen*,
Militaristen* und Technokratinnen*.

Wir müssen sie retten!
Wer?
Wir! Wir! Wir!

Keine Herren*. Keine Meister*. Keine Sklavenhalter*.

Aufbegehren gegen
Die Herren.
Aufbegehren gegen
Ihre Willkür.

Widerstand leisten
Gegen die Herren.
Widerstand leisten
Gegen ihre Willkür.

Opposition zeigen
Gegen die Herren.
Opposition zeigen
Gegen ihre Willkür.

In einer wahren Demokratie
Gibt es keine Herren.
In einer wahren Demokratie
Gibt es keine Willkür.

Jeder Demokratie Feind
Sind die Herren.
Jeder Demokratie Feind
Ist die Willkür.

Demokratie ist ...

Demokratie ist kein Spiel.
Demokratie ist die Garantie
Auf Frieden und Gerechtigkeit.

Demokratie ist kein Witz.
Demokratie ist der Kunstgriff
Für eine bessere Welt.

Demokratie ist keine Illusion.
Demokratie ist die Fusion
Aller Menschen.

Demokratie ist kein Traum.
Demokratie ist ein Baum,
Der immer weiterwächst.

Demokratie ist kein Papier.
Demokratie ist das wahre Leben
Unter Gleichen.

Och heute noch

Die Obrigkeit
Schlägt nach mir,
Tritt nach mir,
Terrorisiert mir.

Obrigkeit?
Welche Obrigkeit;
Ik dacht dit is
Ne Demokratie?!

Ne. Ne. Ne.
Meen Jung so
Eenfach ist dit nich.
Och heut steckt noch
Der Rest der Aristokratie in ihr.
Och heut noch jibt dit
Sondarechte für Pfaffen.
Och heut noch is
Unsre Jesellschafft uffjebaut
Wie ne Pyramid.

Ungleich

Trotz Demokratie
Hab ich Angst vor
Der Hierarchie.
Wie kann das sein
In einer echten Demokratie?

Wir sind gleich.
Wir sind Gleiche!
So steht es auf dem Papier.
Aber ist das die Realität
In unserer Demokratie?

Gleiches Recht spricht fair.
Gleiches Recht handelt fair.
Gleiches Recht ist fair.

Doch wie kann es jemals gleiches Recht geben, solange Hierarchien für Unterschiede sorgen? Wie können wir jemals gemeinsam in Frieden leben, solange Hierarchien uns spalten und Konflikte erzeugen? Frieden beruht auf Gleichheit. Frieden beruht auf der ganzen Gemeinschaft. Frieden ist der Weg der Demokratie.

Halt! Stopp!

Mut
Den Rassisten*:
Halt! Stopp!
Das wollen wir nicht!
Zu sagen.

Mut
Den Sexistinnen*:
Halt! Stopp!
Das wollen wir nicht!
Zu sagen.

Mut
Den Ageisten*:
Halt! Stopp!
Das wollen wir nicht!
Zu sagen.

Mut allen
Die andere diskriminieren:
Halt! Stopp!
Das wollen wir nicht!
Zu sagen.

Politik

Politik
Ist kein Spiel
Politik ist der Weg
Der Demokratie

Politik
Ist kein Wagnis
Politik
Ist Selbstverständnis

Politik
Ist ein Recht
Und Politik
Muss sein gerecht

Politik
Ist dein Schutz
Politik
Ist deine Pflicht

Vereint

Blöcke
Zerrissen die Welt
Einst

Links- und
Rechts-Denken
Zerriss die Welt
Einst

Seid vereint
Überwindet allen
Streit

Bleibt vereint
Selbst im Streit

Erhebt euch
Vereint und befreit
Den Rest der Welt

Kein über mir

Er steht über mir,
Aber ist dies nicht die Demokratie?

Er steht über mir
Innerhalb einer Demokratie,
Also bedeutet es nichts!
Denn es ist nie und nicht
Ein über mir in einer
Wahren Demokratie!

Er steht über mir,
Doch dies ist die Demokratie
Und ich fürchte ihn nicht
Und biete ihm den
Demokratischen Widerstand.

Er steht über mir
In seiner Fantasie,
Doch dies ist die Demokratie,
Wo wir alle Gleiche sind!

Du lebst

Du lebst in der Demokratie,
Aber sprichst nicht.

Du lebst in der Demokratie,
Aber kämpfst nicht
Für dein Recht.

Du lebst in der Demokratie,
Aber demonstrierst nie.

Du lebst in der Demokratie,
Aber erfüllst nicht
Deine politische Pflicht.

Du lebst in einer Demokratie,
Die dir Frieden und Sicherheit bietet.
Doch sie wird fallen,
Wenn du nicht für die Demokratie
Kämpfst, sprichst und demonstrierst.

Gleiches Recht

Reich und arm
Gleiches Recht
In der Demokratie

Mann oder Frau
Oder divers
Gleiches Recht
In der Demokratie

Jung oder Alt
Gleiches Recht
In der Demokratie

Sein oder nicht sein
In der Monarchie
Frei sein
In der Demokratie

Gleiches Recht
Ist fett und nett
Und super adrett

Die Stirn bieten

Angst kriecht in mir hoch,
Denn ich werde meinem Boss
Die Stirn bieten
Wegen seiner rassistischen Bemerkungen.

Angst kriecht in mir hoch,
Denn ich biete ihm die Stirn
Und kämpfe für Gerechtigkeit.

Angst kriecht in mir hoch.
Doch wieso?
Ist das hier nicht die Demokratie?
Gilt hier nicht Redefreiheit?
Gelten hier nicht die Menschenrechte?

Kein Platz für Rassismus.
Kein Platz für Sexismus.
Kein Platz für Kommunismus,
Faschismus und Fundamentalismus!

Licht und Hoffnung

Samen einer neuen Zeit
Warten keimbereit.

Kinder eine neuen Welt
Sind reich ohne Geld.

Träume einer besseren Welt
Leben in dem wahren Held*.

Schätze der Freiheit
Werden in der Demokratie geteilt.

Wege in ein besseres Leben
Wirst du in der Politik finden.

Dein goldenes Zukunftslicht
Wartet dank der Demokratie auf dich.

Ihr müsst kämpfen!

Für die Freiheit
Müsst ihr kämpfen.
Denn der Frieden
Entsteht nur aus dem
Politischen Kampf.

Für die Gerechtigkeit
Müsst ihr kämpfen.
Selbst das Recht
Zu wählen, wollen
Euch manche nehmen.

Für Frieden
Müsst ihr kämpfen.
Es klingt wie eine Idiotie,
Aber es gibt Mächtige,
Die wollen den Krieg.
Wenn ihr sie nicht bekämpft,
Wird der Frieden enden.
Deshalb müsst ihr
Für den Frieden kämpfen.

Jahrhunderte

Jahrhunderte sind vergangen und wir wurden von einer Ideologie gefangen, die uns glauben machte, dass wir Herren bräuchten.

Jahrhunderte wurde wir belogen und von falschen Herren betrogen, die uns glauben machten, dass sie durch göttliche Kraft die Macht hätten, uns zu beherrschen.

Jahrhunderte haben wir uns verarschen lassen von Pfaffen, die irgendwelche Bücher erfunden hatten, die ihnen angeblich die Macht gaben, über uns zu herrschen.

Jahrhunderte haben manche gekämpft für die Freiheit aller Menschen. Jahrhunderte lang warten wir schon, dass sich alle Menschen als Gleiche erheben und nach Frieden und Gerechtigkeit streben.

Dein Volk braucht dich!

Unser Volk ist heute frei.
Doch wie lange wird es das bleiben,
Wenn wir nicht für unsere Freiheit kämpfen?

Sie sind noch immer da:
Die Könige*, Priester* und Generäle*.
Sie warten noch immer auf eine Chance,
Uns erneut an die Kette zu legen.

Wir sind frei
Und wollen es bleiben,
Doch das hat einen Preis.

Dein Volk braucht dich!
Es braucht deinen Mut und deine Kraft
Im politischen Kampf.

Dein Volk braucht dich!
Es braucht deine Stärke und Intelligenz,
Damit die Freiheit gewinnt.

Viel zu lange

Lange,
Viel zu lange
Lebte unser Volk
In Unfreiheit.
Lange,
Viele zu lange
Waren wir Sklaven
Der drei Reiche.

Der Eine.
Im Namen des Einen
Wurden wir unterdrückt
Und entrechtet.
Zu viele,
Viel zu viele
Mussten in den Krieg,
Um für den Einen zu morden.
Lange,
Viel zu lange
Ersehnten wir uns Freiheit,
Frieden und Gerechtigkeit.
Lange,
Viel zu lange
Dauerte es bis
Zur ersten freien Wahl.

*Freie Arbeiter**

Freiheit ersehn ich,
Doch Ketten binden mich.

Gebunden an meinen Job
Wie einst der Bauer an die Scholle.

Freiheit will ich,
Doch mein Chef hält mich.

Freiheit brauch ich,
Doch die Firma zwingt mich.

Gefangen von meinem Vertrag
Wie ein Knecht in alten Tagen.

Freiheit sei mein,
Damit ich glücklich sei!

Freiheit

Ein freies Volk
Braucht keine Herren.

Freie Menschen
Brauchen keine Könige.

Echter Glaube
Braucht keine Priester.

Die Freiheit
Braucht keine Scholle.

Denn Freiheit
Ist urmenschlich.

Freiheit
Ist ein Menschenrecht.

Freiheit
Ist menschlich!

Das ist die Demokratie

Ein Weg zum Frieden,
Das ist die Demokratie.

Ein Weg in die Freiheit,
Das ist die Demokratie.

Ein Weg zu den Menschenrechten,
Das ist die Demokratie.

Ein Weg ins Glück,
Das ist die Demokratie.

Keine Klassen, keine Stände,
Keine herrschende Priesterkaste.
Wir sind alle gleich hier
In der Demokratie.

Dort wo wir es noch nicht sind,
Ist noch keine Demokratie!

Endlich frei

Ich glaube an den politischen Kampf.
Ich glaube an die Pflicht eines Menschen,
Für sein Volk zu kämpfen.

Ich fühle die Macht der Freiheit.
Ich fühle den Schmerz der Ungerechtigkeit,
Die aus der weltweiten Unterdrückung entsteht.

Ich danke der glorreichen Demokratie.
Ich danke den Menschen des Friedens,
Die ohne Gewalt leben.

Ich war einst kein freies Kind,
Weil ich nicht in der Demokratie
Geboren bin.

Ich bin jetzt frei,
Weil die Demokratie mich
Aus der Diktatur befreite.

Könige

In der Demokratie
Lebt der Fried.
In der Monarchie
Wächst der Krieg.

Ein freies Land
Mit freien Menschen,
Die selbstständig denken
Und handeln.

Ein freies Leben
Darfst du in der Demokratie führen.
Ein Knecht wirst du sein
In jedem Königreich.

Die Wahrheit ist
Die Stärke des Gesetzes.
Die Lüge ist,
Worauf Königreiche setzen.

Die Chance der Demokratie
Ist der wahre Sieg.
Denn der König
Steuert immer Richtung Krieg.

Drei

Füreinander.
Miteinander.
Beieinander.

Wir sitzen im selben Boot.
Wir rasen durch dieselbe Zeit.
Wir sind verbunden durch dasselbe Band.

Demokratie heilt.
Demokratie vereint.
Demokratie siegt.

Wir träumen.
Wir lachen.
Wir tanzen.

Ergreif.
Befrei.
Leb.

Der Weg

Gewagt
Und verloren.
Doch wer nicht wagt,
Verliert sowieso.

Recht
Muss erkämpft werden,
Denn wer nicht kämpft,
Verliert sein Recht.

Gute Gesetze schützen,
Denn ohne Gesetze sind wir
Hilflos der Willkür ausgesetzt.

Parteien diskutieren
Über die besten Entscheidungen.
Denn ohne Diskussionen
Siegt am Ende die Dummheit.

Gerechtigkeit siegt
Nach langem Ringen.
Doch wer nicht um Gerechtigkeit ringt,
Wird sie für immer verlieren.

Kritisier!

Finde den Weg,
Der in den Frieden führt
Und sieh, es ist derselbe Weg,
Wie der zur Demokratie.

Keine echte Demokratie
Ohne Frieden.
Keine echte Demokratie
Ohne Freiheit.
Keine echte Demokratie
Ohne Sicherheit.
Keine echte Demokratie
Ohne das Recht,
Den Herrschenden* den Stinkefinger
Zeigen zu dürfen!

Diktatoren* mögen keine Kritik, keine Satire oder
Witze über sie. Sie bestrafen euch, sobald ihr sie in
Frage stellt. Solange das so ist, wisst ihr: Es ist keine
Demokratie, sondern nur eine stinkende Diktatur!

Wider ihre Angst

Angst vor der Gewalt
Von Rassisten*, Sexisten*
Und anderen Arschlöch*innen.
Aber wenn wir uns ihnen beugen,
Werden sie uns wieder
Im Krieg ersäufen.

Ihre Gewalt macht Angst,
Doch Angst ist ihre Waffe.
Wenn wir uns der Angst beugen,
Werden wir es bereuen und
Am Ende wieder in einer Welt
Des Krieges und der Überwachung
Erwachen.

Besiegt die Furcht in euch.
Besiegt die Angst in euren Herzen.
Besiegt den Zweifel,
Dass ihr sie besiegen könnt.
Ihr _ Wir _ Du sind stark genug!

?

Leben wir einfach vor uns hin
Oder begehren wir mehr vom Leben

Ist die Welt, wie sie ist
Oder ist sie das Produkt von Träumern*,
Die sie aus ihren Träumen formten

Akzeptieren wir die Umstände oder bauen wir bessere
Wände für das Haus der Welt

Das Sein scheint fest, doch wohin treibt der Wandel
unsere Gesellschaft

Lebt der Moment in Ewigkeit oder ist alles in einem
steten Wandel fest geschweißt

Träumst du einen Traum oder bist du bereit deinen
Traum aufzubauen

Gibst du auf oder baust du die bessere Welt mit auf

D. F. F.

Aus dem Traum
Von einer besseren Welt
Gebar die Demokratie.

Aus dem Wunsch
Nach einer besseren Welt
Gebar der Frieden.

Aus dem Sehnen
Nach einer besseren Welt
Gebar die Freiheit.

Demokratie, Frieden und Freiheit sind Zeichen einer besseren Welt. Sie sind nicht die einzigen. Denn auch Gerechtigkeit zählt dazu, genauso wie das Recht zu sagen, lieben und leben, wie man will. Und das Recht nicht verletzt zu werden durch herrschaftliche Willkür.

Kinder von Morgen

Morgen kommt.
Ist er verdammt?

Gestern verging
Und gebar Demokratie.

Kinder entstehen
Und werden leben.

Zukunft klopft
Voller Hoffnung.

Doch dunkle Wolken
Hängen in den Gängen.

Welche Generation
Wird das Schicksal wenden?

Wir wollen lachen!

Ein freies Land
In Menschenhand.

Ein freies Leben
Wollen wir erstreben.

Liebe soll uns regieren
Und keine Herren uns schikanieren.

Glücklich wollen wir sein
Und frei entscheiden.

Ein Land der Herzen
Statt diktatorischer Schmerzen

Und lachen wollen wir
In einer wahren Demokratie.

Lieb Demokratie

Freie Liebe
Nicht wie
In der Bibel

Mann und Mann
Frau und Frau
Divers und jede:r
Wie er/sie/es will

Demokratie
Ist frei Lieb
Jene frei Lieb
Die die Bibel
Verbietet

Freie Lieb
In der Demokratie
Freie Herzen
Und wahre Werte

Kämpft!

Wir werden fallen,
Wenn du nicht kämpfst.

Wir werden unsere Freiheit verlieren,
Wenn du nicht kämpfst.

Frauen werden weiter unterdrückt,
Wenn du nicht kämpfst.

Kriegstreiber* werden wieder siegen,
Wenn du nicht kämpfst.

Zwang zur Heteronormativität kommt zurück,
Wenn du nicht kämpfst.

Die Schere zwischen Arm und Reich wird sich
vergrößern, wenn du nicht kämpfst.

Eliten erhalten alles Recht,
Wenn du nicht kämpfst.

Nur wenn du politisch dafür kämpfst,
Kann Freiheit, Demokratie und Frieden siegen.
Also kämpfe! Kämpfe! Kämpfe!

Herren und Meister*

Ein freies Volk
Sind wir heut.

Einst Leibeigene
Und Untergeordnete.

Kirchen und Königen*
Waren wir Hörige.

Unter Joch und Rute
Waren wir Geführte.

Führer* und Päpste
Unsere Folterknechte*.

Freiheit kam
Über Nacht.

Sie zu bewahren
Kostet Lebenskraft.

Eine bessere Welt

Eine bessere Welt
Wird uns nicht geschenkt.

Harte Arbeit und Schweiß
Sind der Preis.

Frieden kommt nicht über Nacht,
Sondern wird fleißig gemacht.

Das Glück von Morgen
Lässt sich mit Liebe besorgen.

Und die Freiheit in der Demokratie
Ist der guten Menschen Sieg.

Demokratisch

Leb offen und herzlich.
Leb demokratisch.

Sei gütig und nett.
Sei demokratisch.

Bleib ehrlich und fair.
Bleib demokratisch.

Verhalte dich echt und korrekt.
Verhalte dich demokratisch.

Zeige deine besten Seiten.
Zeig dich demokratisch.

Gleich

Leben
Und überleben.
Sich erheben.

Knechte
Unterm Joch.
Mägde in
Männlichem Besitz.

Stände
Unter Priesterschaft.
Klassen nach
Der Revolution.

Sich erheben
Gegen jede Rute.
Zerstört jede Schicht
Und jede Klasse.

Die Lehre der Rassen
Ist eine Lüge
Genau wie die
Vom Arbeiterstaat.

Frei fühlen in der freien Welt

Frei sein;
Doch ich fühl mich nicht frei
Trotz Demokratie.

Etwas bindet mein Herz
Und Steine liegen schwer
In meinem Geist.

Frei sein,
Lässt sich in der Demokratie,
Doch auch sie gibt uns
Keine Garantie.

Ich muss mir die Freiheit
Meines Herzens erarbeiten.
Ich muss mir die Unbeschwertheit
Eisern bewahren.

Zu leicht greifen Job
Und falsche Freunde an.
Zu leicht werd ich
Von Sorgen gefangen.

Leicht kommt der Kummer.
Leicht kommen die Sorgen.
Leicht wachsen die Probleme.
Sich frei zu fühlen in der
Freien Welt bleibt harte Arbeit.

Mit dir

Demokratie
Siegt
Mit
Dir

Demokratie
Garantiert
Friede

Demokratie
Will dass sich alle
Lieben

Demokratie
Liebt dich
So wie du
Bist

Demokratie
Gelingt mit
Dir

Damals und heute

Der Traum
Vieler Menschen
Waren Rechte und Gesetze.

Heute ist ihr Traum wahr.
Heute herrschen Recht und Gesetz
Und nicht die Willkür eines fiktiven
Herrschergeschlechts.

Heute lebt der Traum
Vieler Generationen.
Heute werden wir geschützt
Durch unsere Institutionen.

Heute ist Willkür ein Verbrechen.
Einzelne können Menschen
Nicht mehr gegen ihren Willen knechten,
Um für sie zu schuften und zu buckeln.

Heute lebt der Traum der Demokratie
In vielen Ländern der Erde.
Steht auf und tragt die Wahrheit
In die letzten Winkel der Diktaturen:
Lasst uns ihnen Recht und Freiheit
Und den Sinn der Demokratie bringen!

Nie wieder Krieg!

Du siegst,
Wenn die wahre Demokratie siegt,
Denn sie will keinen Krieg.

Krieg tut dem Herrscher gut,
Denn es gibt ihm Macht
Und sehr viel Ruhm.

Krieg tut den Generälen gut,
Denn sie kämpfen nicht an der Front,
Weil das die kleinen Soldaten tun.

Krieg macht die Falschen reich:
Jene ohne Moral verkaufen dann
Alles überteuert.

Krieg zerstört die Demokratie.
Deshalb will die Demokratie nicht in den Krieg,
Denn sie würde sich selbst verlieren.

Freiheitsgefühl

Frei leben.
Frei atmen.
Frei handeln.

Freiheit ist der alte Menschheitstraum.
Freiheit ist die Sehnsucht der Gequälten.
Freiheit ist der Wunsch aller Sklaven.

Ohne Freiheit ist es keine Demokratie,
Selbst wenn es drauf steht.
Ohne Freiheit ist es kein Menschenrecht,
Selbst wenn der Richter es verspricht.

Wir wollen frei sein.
Wir wollen frei atmen.
Wir wollen uns frei fühlen.

Tränen der Erde

Tränen der Sonne.
Selbst der Mond schluchzt
Und der Himmel weint.
Krieg soweit das Auge reicht.

Wieder starten die Autokraten
Einen blutigen Krieg
Und wollen die Demokratien
Für immer besiegen.

Wieder tun kranke Typen
Menschen versklaven
Und Mädchen verführen,
Um sie zu missbrauchen.

Wieder hungert ein Kontinent
Auf dem es genügend Nahrung gibt,
Weil die Habgier der Oligarchen
Nicht genug kriegt.

*Deine Pflicht als Erwachsene*r*

Glaubst du wirklich,
Du darfst dich voll erwachsen nennen,
Solange du nicht deine
Politische Pflicht erfüllst?

Glaubst du wirklich,
Ein Mensch darf sich voll erwachsen nennen,
Solange er nicht seine
Politische Pflicht erfüllt?

Glaubst du wirklich,
Du darfst dich voll erwachsen fühlen,
Solange du nicht deine
Politische Pflicht erfüllst?

Glaubst du wirklich,
Jemand wäre voll erwachsen,
Solange er/sie/es nicht seine/ihre
Politische Pflicht erfüllt?

Joch und Ketten

Wenn sie könnten, würden sie dich an die Ketten legen und dir das Joch umbinden! Schlag die Geschichtsbücher auf, falls du mir nicht glaubst und überzeuge dich selbst. Sie warten nur auf eine Gelegenheit, dich deiner Freiheit zu berauben.

Wer kämpft für dich? Wer kämpft für deine Freiheit? Wer kämpft für deinen Schutz vor Sklaverei und Knechtschaft?

Es ist die Demokratie. Nur sie hat in der Geschichte bewiesen, dass sie die Freiheit für jedes Kind will und dafür kämpft, selbst wenn sie dabei ihr Leben riskiert.

Wider den Heiligen Krieg

Zu reden
Über den Frieden,
Ist nicht überall
Erlaubt.

Diktaturen
Bauen drauf,
Dass man an ihren
Heiligen Krieg glaubt.

Sie lehren,
Dass ihr Gott befiehlt,
Andere zu töten.

Sie lehren,
Dass ihr Krieg Sinn macht
Und den Frieden stärkt.

Ja ihr müsst euch
Gegen Angreifer* verteidigen.
Aber in ein Land zu gehen,
Um es auszurotten
Und zu versklaven
Ist ihre Lehre,
Gegen die ich
Mich wehre.

Zu reden
Über den Frieden,
Ist nicht überall erlaubt,
Da manche an den
Heiligen Krieg glauben.

Freie Kinder

Freie Kinder
Sind gesünder.

Bisher war nur
Die Demokratie frei,
Aber kein Königreich.

Bisher gibt es Freiheit nur
In einer echten Demokratie,
Aber niemals unter Linken und Rechten,
Noch weniger unter Militärknechten.

Freie Menschen streben
Immer nach dem Frieden.
Denn nur im Frieden
Blüht die Freiheit.

Nur im Frieden
Wächst wahre Gerechtigkeit.

Friedenssieg

Demokratie ist mein Ziel,
Denn wahre Demokratie ist der Sieg
Echter Menschlichkeit.

Wir müssen siegen
Für den Frieden.
Denn Diktatoren wollen Krieg,
Um ihr Reich zu vergrößern.

Autokraten wollen immer Krieg,
Sowohl die Kommis als auch die Aristokratie.
Nur in der Demokratie ergibt Krieg
Keinen Sinn, weil kein gesunder Mensch
Im Krieg sein Leben riskieren will.

Deshalb ist Demokratie mein Ziel,
Denn in ihr blüht der Frieden!

Wacht auf!

Wer in der Demokratie schläft,
Wacht in der Diktatur auf;
Haben sie gerufen,
Damals!

Schläfst du noch?

Ist dein Bett kuschelweich?
Hast du weiche Plüschkissen
Und eine warme Kuscheldecke?
All das schenkte dir der Frieden
In der Demokratie.

Die Diktatur wird dir alles entreißen.
Die Diktatur wird dir alles rauben.
Die Diktatur wird dir alles nehmen.

Wach auf und steh auf auf auf.
Steh auf!
Steh auf ...

Gleichheit

Sich befreien
Von der Geiselhaft
Undemokratischer Hierarchie.

Sie zerstören
Und dagegen grölen:
Ihre Herrschaft.

Alles zerschneiden
Und zerteilen,
Was Stand und Rassen schufen.

Sich befreien
Von der Frechheit
Des Dünkels und der Aristokratie.

Nie wieder dürfen wir
Den Glauben zulassen,
Dass manche mehr Recht haben.
Nie wieder!

Paradies der Demokratie

Blauer Himmel.
Goldener Sonnenschein
Und lachende Kinder.

Frieden und Freiheit
Strahlen und umarmen.
Sicherheit und Reichtum
Erwarten alle.

Die Blumen blühen.
Bienen summen
Und Menschen feiern.

Die Demokratie hat gesiegt.
Mit ihr ist der Weltfrieden
Eingekehrt.

Ein weiterer Sandstrand
Vor einem blauen Ozean.
Familien baden und wandern.

Eine bessere Welt

Eine bessere Welt,
Die am Himmel steht.

Eine bessere Welt
Ist zum Greifen nah.

Eine bessere Welt
Durch echte Demokratie.

Wir können frei
Und glücklich sein.

Wir können uns
Von allen Despoten befreien.

Wir können das Abenteuer
Echter Demokratie wagen.

Wir können für immer
Frieden schaffen.

Adé

Zu oft kocht die Wut
Über die Korruption
Unserer Politiker*.

Zu oft sehen wir
Hilflos zu, wie Lobbyisten
Unsere Zukunft verkaufen.

Rentensicherheit adé.
Wohnungssicherheit adé.
Preisstabilität adé.
Und das sind nur die Verluste
Der letzten Jahre.

Was nehmen sie uns noch?
Was nehmen sie uns noch!
Und wie lange noch
Steht ihr nicht dagegen auf?

Freiheit!

Freiheit wurde hart erkämpft.
Blut und Tränen flossen.
Könige und Führer klammerten
Sich an ihre Macht und ihre
Lakaien ermordeten alles.

Für unsere Freiheit
Wurde ein großer Preis bezahlt.
Millionen Menschen starben
Auf den Schlachtfeldern der Kriege
Oder blieben verletzt liegen.

Unsere Freiheit gibt und gab
Es nicht umsonst. Hunderte Jahre
Mussten und müssen viele
Auf die Straße gehen,
Damit wir heute und in Zukunft
In Frieden und Freiheit leben!

Volk

Wir sind ein Volk
Und verträumt.

Wir sind das Volk
Und uns treu.

Wir reifen als Volk
Wie die Wolken.

Wir leben als Volk
In ewigem Streben.

Demokratie
Ist das Volk.
Demokratie
Ist für das Volk.
In der Demokratie
Zählt das ganze Volk.

Gefahr

Was wenn sie fällt
Und die Diktatur zurückkehrt?

Was wenn wir unsere Freiheit
Wieder verlieren?

Was wenn die Irren
Uns besiegen?

Die Gefahr ist da,
Denn die Not ist groß.
Nichts kommt
Und alles vergeht.

Die Gefahr ist real,
Wenn ihr nicht kämpft
Und die Freiheit und Gerechtigkeit
Für unsere Kinder bewahrt.

1984

1984
Ist so nah
Im Chinastaat

1984
Ist hier
Fast hier

1984
Überwachung
Und Big Brother

1984
Ist noch nicht
Aber wird sein
Wenn ihr nicht aufsteht

1984
Verhindern
Nein zur Überwachung
Und nein zum totalen Staat

Kritisier!

Du darfst kritisieren
In der Demokratie,
Aber in der Diktatur
Wirst du dafür ins
Gefängnis gehen.

Du darfst meckern
Über die Demokratie,
Aber in der Diktatur
Würdest du dafür
Ins Gefängnis gehen.

Du darfst dich lustig machen
Über Politiker und Politikerinnen,
Die demokratisch gewählt wurden.
Aber du musst mit Stockhieben
Und Folter rechnen und sie
Werden deinen Willen brechen
Und dir dafür versuchen alles
Zu nehmen in der Diktatur.

Jederzeit

Kein Moment vergebens,
Wenn wir nach mehr
Demokratie streben.

Kein Augenblick umsonst,
Wenn du für die
Demokratie kämpfst.

Nutze jede Chance.
Nutze jede Möglichkeit.
Sei jederzeit bereit.

Demokratie befreit.
Demokratie heilt.
Demokratie sei!

Noch immer leben
Millionen als Sklaven.
Noch immer verdienen
Millionen Frauen
Weniger wegen ihres Geschlechts.

In einer echten Demokratie
Gibt es das nicht!
Also zerstören wir es:
Zerstört den Sexismus,
Rassismus und Fremdenhass.
Zerstört alle Ausbeutung,
Unterdrückung und Zwangsherrschaft!

Kriegsgefahr

Ist das Ende nah,
Weil der Krieg zurückkam?
Warum kam der Krieg zurück
Und tobt wie verrückt?

Weil ein Mann
Die Demokratie untergrub
Und eine Autokratie schuf.

Auch in meinem Land
Ist das einst passiert,
Weil ein einzelner Mann
Sich für den Führer hielt.

Der Krieg wird immer kommen,
Wenn nur Einzelne regieren
Und willkürlich den Massen diktieren.

Der Krieg ist immer nah
In einem Unrechtsstaat.
Unrecht ist überall dort,
Wo Einzelne Macht horten.
Doch der Frieden wird wahr,
Wenn jede:r Einzelne das
Gleiche Stück Macht hat.

Massen

Menschenmassen
Auf den Straßen

Menschenmassen
In der Demokratie
Können sie nicht so
Einfach zum Kriegsdienst
Zwingen

Menschenmassen
In der Diktatur
Können sie ganz einfach
In den Krieg schicken

Durch Angriff
Können die Diktaturen
Auch die Demokratien
In einen Krieg zwingen
Deshalb bedroht uns
Die Diktatur
Deshalb bedroht die Diktatur
Unseren Frieden

Menschenmassen
Auf den Straßen

Straßenkampf

Sie alle
Sind auf die Straße
Gegangen
Endlos sind
Ihre Namen

Viele sprachen
Frei, damit es
Für immer so bleibt
Ein Ende des Schweigens
Und des sich Verbeugens

Nicht jede:r
Heute wählt
Dabei ist die Wahl
Ein hart erkämpftes
Privileg

Bis zur
Demokratie
War es ein langer Weg
Bis zur Demokratie
Mussten viele dafür
Kämpfen

Aktivist*in

Demokratie verliert,
Wenn du nicht für sie
Aufstehst

Demokratie
Lebt von der
Aktivität

Demokratie
Ist das
Lebendigsein

Sei
Die lebendige
Demokratie

Gib
Der Demokratie
Echtes Leben

Sei aktiv
Und handle
Demokratisch

Unvergessen!

All die Opfer
Der Konzentrationslager
Und Gulags

All die Opfer
Der Zwangsehen
Und des Patriarchats

All die Opfer
Des Kolonialismus
Und des weißen Christentums

All die Opfer
Des Schwulenhasses
Und der Heteronormativität

Unvergessen
Mögen diese Opfer sein

Möge die Demokratie
Den Schutz jedes Menschen
Zu ihrem obersten Ziel weihen

Freie Zeit

Tropfen einer neue Zeit
Reichen weit
In die Diktaturen hinein.

Die Demokratie klopft
An die Tür aller Königreiche,
Damit sie endlich weichen
Und um den Menschen,
Die Freiheit zu zeigen.

Der Strom der Zeit
Strebt nach Freiheit.
Denn alle Zeit
Fließt frei, weil
Dass das Gesetz der Zeit sei.

Wagt zu träumen
Von großen, grünen Bäumen.
Wagt zu kämpfen
Für blaue, saubere Sandstrände.
Wagt zu warten
Auf den heiligen Garten.
Wagt zu singen
Für ein besseres Gelingen.

Nie wieder Krieg

Nie wieder Krieg
Ist der große Sieg
In allen Köpfen.

Nie wieder Hunger
Ist gesünder für
Jedes unserer Kinder.

Nie wieder Diktatur
Ist der Zug,
Der in die Freiheit führt.

Nie wieder Revolution
Ist der Lohn
Einer fairen Arbeitswelt.

Nie wieder Könige
Bringt die Würde
Aller Menschen zurück.

Nie wieder Krieg
Ist die Basis
Weltweiten Friedens.

Familienfrieden

Frieden in den Familien
Ist wahrer Frieden.

Wenn Religionen und Ideologien
Diesen Frieden beschädigen,
Dann zerstören sie den Frieden.

Arbeiterklasse.
Arische Rasse.
Wahre Gläubige.
Alles für nen Arsch.

Keine Familie braucht das.
Keine Familie will das.
Zu viele Familien sind
An diesem Schwachsinn
Zerbrochen!

Demokratie tu das nicht!
Lass die Familien, wie sie sind!

Unfrei geboren

Ich bin geboren im einer Diktatur. Rund um mein
Land war eine hohe Mauer mit Stacheldraht und
Maschinengewehrtürmen. Viele wollten fliehen. Einige
von ihnen fielen im Kugelhagel und waren nie wieder
gesehen.

Ich bin geboren in einer Diktatur. Schon als
Kindergartenkind erklärten meine Eltern mir, dass ich
vorsichtig sein muss, denn ständig lauscht jemand an
der Tür und niemand meiner Freunde darf von
meinen verbotenen Spielsachen erfahren.

Ich bin geboren in einer Diktatur. Doch heute lebe ich
in der Demokratie. Ich kann meckern und mich
beschweren über die, die das Sagen haben, ohne dafür
ins Gefängnis einzufahren. So was gab es nicht in der
Diktatur meiner Geburt, haben meine Oma und meine
Mama gesagt.

Das Wort

Lyrik endet nie,
Aber die Demokratie
Kann gemeuchelt werden.

Worte haben Macht
Und die Demokratie besitzt Kraft,
Doch die Autokraten schlafen nicht.

Seid wachsam
Und besonders achtsam,
Wo sich Hierarchie verselbstständigt.

Sie reden
Und befehlen
Und bellen Krieg.

Seid stark und mutig
Und seid niemals ruhig,
Wenn es der Demokratie dient!

Fühlt!

Hoffnung kann leben
Oder untergehen.

Träume können enden
Oder alles zum Besseren wenden.

Das Leben gebiert
Oder verliert.

In allem steckt Glauben
Und wahres Vertrauen.

Und alles können wir
In der Demokratie aufbauen.

Gleich

Vor einigen Generationen fanden wir Gleichheit.
Gleichheit vor dem Gesetz
Und gleiches politisches Recht.

Gleichheit kennt keinen mehr,
Der mehr ist.
Gleichheit braucht niemanden,
Der nichts zählt.
Gleichheit kennt nichts
Außer Respekt.

Gleiches Recht
Ist gerecht.
Gleiches Recht
Rettet die Welt.
Gleiches Recht
Ist einfach nett.

Frei unfrei

Frei sein
Und unfrei handeln

Unfrei sein
Aber von Freiheit träumen

Die Welt
Unkalkulierbares Chaos

Dein Leben
Berg und Tal

Der Horizont
Unerreichbar

Täglich
Sorgen und Probleme

Frei frei frei
Demokratie sei!

Demokratielied

Demokratie wird nie
Für die Zweifelnden.
Demokratie war nie
Für die Hierarchischen.

Demokratie ist
Ein heiles Nest.
Demokratie ist
Niemals trist.

Demokratie wächst
Wie gehext.
Demokratie wächst
Wie ein Freudenfest.

Demokratie lebt
Und besteht.
Demokratie lebt
Und erhebt.

Demokratie liebt
Und gebiert.
Demokratie liebt
Und siegt.

Parzellen

Kleine Dörfer.
Millionenstädte.
Leere Felder.
Volle Speicher.

Eine Welt.
Viele Gesellschaften.
Zahllose Meinungen.
Ein Friede.

Pöbel und Gesocks.
Dünkel und Geld.
Straßenbrücken.
Penthouse-Suite.

Menschen unendlich.
Verbunden auf ewig.
Geschützt durchs Gesetz
Wahrer Demokratie.

Viele Parteien

Draußen der Strom der Massen
An den rot-grünen Ampeln.
Volle Straßen; doch kein Gesicht
Gleicht dem anderen.

So viele verschiedene ...
So viele Ideen, Bedürfnisse,
Träume und Ziele.
So viele verschiedene
Lebenswege.

Eine Partei ist niemals
Gut für viele.
Ein Mann allein kann niemals
Alle gut regieren.

Wir brauchen Parteien.
Wir brauchen Regierungswechsel.
Wir brauchen Wandel.
Wir brauchen ständig neue Chancen.

Gedankenfesseln

Wir Menschen sind Gefangene
Unserer Gedanken.

Wir Menschen leben in den Käfigen
Unserer Ideen.

Tausend Jahre lebten wir in Ketten,
Weil wir dachten, wir bräuchten
Könige und Päpste.

Tausend Jahre ließen wir uns knechten,
Weil wir glaubten, das wäre
Die göttliche Ordnung.

Tausend Jahre machten wir unsere Mütter
Zu Menschen zweiter Klassen,
Weil es irgendwelche Priester sagten.

Tausend Jahre an Ideen und Konzepten,
Die uns Menschen bis heute zerbrechen.

Befreit euren Geist.
Lebt endlich frei!

Tränenwege

Ein Leben der Angst
Im endlosen Kampf.

Tage des Kummers
Ohne heilsamen Schlummer.

Orte der Mahnung
Ohne Fahndung.

Momente der Qual
In ewiger Nacht.

Diktatorische Macht,
Die niemals lacht.

Ewiges Eis
Im entrechteten Sein.

Eine:r vs. Alle

Die Demokratie braucht jedes ihrer Kinder.
Die Monarchie braucht nur ihren König.
Die Demokratie schützt jedes ihrer Kinder.
Die Monarchie schickt sie in den Krieg.

Diktaturen brauchen Soldaten
Für ferne Schlachtfelder.
Demokratien brauchen Mediziner*innen
Für die eigenen Krankenhäuser.

Reich ist der Oligarch
Und zahlt seinen Angestellten wenig.
Reich wird die Demokratie,
Wenn jede:r gut verdient.

Der Papst in Rom
Lenkt seine Schäfchen.
Die Demokratie wird von ihren
Menschen gelenkt.

Einer will alles und bestimmt
Über jede:n.
Alle wollen wachsen und
Müssen dafür teilen.

Gerechtigkeit, Freiheit und Frieden

Zahlt ihr den Preis
Für Gerechtigkeit, Freiheit
Und Frieden?

Seid ihr bereit,
Euch zu erheben
Für Gerechtigkeit, Freiheit
Und Frieden?

Versteht ihr den Sinn hinter
Gerechtigkeit, Freiheit
Und Frieden?

Ohne Gerechtigkeit
Wird Willkür euch knechten.
Ohne Freiheit werden sie euch
Euer Recht zu wählen nehmen.
Ohne Frieden werden die Bomben und
Raketen des Krieges euch dominieren.

Die Freiheit

Die Freiheit,
Welch grenzenloses Wort:
Die Freiheit,
Sie steht auf des Messers Schneide.

Ketten und Fesseln
An Füßen und Händen.
Apps und Kameras
An jeder Wand.

Die Freiheit,
Welch zarte Wahrheit,
Die Freiheit,
Gilt es zu bewahren.

Bedroht von allen Seiten.
Gefährdet in allen Zeiten.
Die Freiheit schwankt
Und mir ihr dein Glück.

Die Freiheit,
Welch grenzenlose Macht.
Die Freiheit
Ist wahre Menschlichkeit.

Wandelwelt

Wenn die Demokratie fällt,
Fällt die Freiheit mit ihr.

Wenn die Demokratie vergeht,
Wird Willkür zurückkehren.

Wenn die Demokratie stirbt,
Wird der Krieg siegen.

Wenn die Demokratie scheitert,
Weiß ich nicht weiter.

Einst ward ich geboren
Hinter der Mauer einer Diktatur.
Durch himmlisches Glück
Hatte plötzlich die Demokratie gesiegt.
In einer Welt des Wandels und
Der Instabilität gibt es keine Dauerhaftigkeit.

Deshalb muss ich kämpfen.
Deshalb muss ich streiten.
Deshalb muss ich der Demokratie,
Den Siegeszug bereiten.

Wende

Erst wenn der Hass endet,
Beginnt wahre Gerechtigkeit.

Erst wenn jedes Vorurteil
Überwunden ist, haben wir
Menschen eine Chance
Auf eine gerechte Welt.

Mit Hass stirbt die Demokratie.
Mit Liebe wird sie leben.
Mit Misstrauen wird sie sinken
Und mit Vergebung sich erheben.

Erst wenn der Hass endet,
Beginnt die bessere Welt.
Erst wenn wir die Gewalt stoppen,
Kann die demokratische Wende kommen.

Liebe und Demokratie

Liebe blüht
In der Demokratie.

In der Diktatur lieben
Sie, um Soldaten zu zeugen.

Treue Diener oder
Freie Menschen.

Arschkriecher,
Die gegeneinander kämpfen
Oder Menschen,
Die tanzen und lachen?

Reißt die Mauern ein!
Sprengt die Ketten!
Befreit euren Geist
Und atmet als freie Menschen.

Warenfluss

Freier Handel.
Freier Genuss.
Keine Schranken.
Kein Frommenmob.

Die Welt blüht
Und Kinder lachen.
Jeder fühlt
Seine zehntausend Sachen.

Die Welt ist frei
Und will es bleiben.
Als ob es immer so war
Und ewig wahr.

Hoffnungen fliegen
Und Menschen tanzen.
Kinder spielen
Und lachen.

Wie ihr

An den guten
Und den schlechten Tagen
Will ich die Erinnerung
An euch in mir tragen.

Kalte Tage und
Hungernde Jahre lagen
Hinter euch und doch
Gabt ihr nicht auf.

Ihr gabt mehr als ich,
Deshalb sehe ich
Zu euch auf!

Im Angesicht der Not
War eure Liebe groß genug,
Um die nächste Generation
Zu hegen und zu pflegen.

Ihr habt nicht aufgegeben
Und deshalb will ich
Euch alten Demokraten*
Nachstreben!

Wie lange noch?

Wie lange noch
Willst du faul auf der Couch
Rumsitzen?

Wie lange noch
Willst du untätig zusehen,
Wie die Welt den Berg runterrast?

Wie lange noch
Willst du so tun,
Als wüsstest du nicht,
Wie beschissen es, um die Welt steht
Und dass du etwas tun könntest?

Wie lange noch
Spielst du das unreife Kind,
Statt den verantwortungsbewussten
Erwachsenen, der seine politische
Pflicht erfüllt?

Schutz

Frauen, Männer, Kinder,
Greise und Verwaiste:
Sie alle brauchen Schutz!

Die Demokratie schützt
Vor Willkür.
Die Demokratie schützt
Vor Unrecht.
Die Demokratie schützt
Vor Gewalt.
Die Demokratie schützt
Sogar vor Einsamkeit.

Wir alle wollen Frieden.
Wir alle wollen glücklich leben.
Wir alle wollen frei sein
Und mit unsern Liebsten feiern.

Unsere Kinder

Unsere Kinder
Sind ein Schatz.
Unsere Kinder
Sind der Grund,
Der uns antreibt,
Eine bessere Welt
Aufzubauen.

Unsere Kinder
Sind unschuldig.
Unsere Kinder
Sind ungeduldig.
Unsere Kinder
Haben das Recht
Auf eine heile,
Glückliche Welt.

Unsere Kinder
Sollen wählen dürfen.
Unsere Kinder
Sollen hoffen dürfen,
Dass die Demokratie
Sie beschützt.

Glücklich, frei, friedlich

Das Leben genießen
In Freiheit.
Träume sprießen
In der Freiheit.

Hoffnung lebt
In der Demokratie.
Gerechtigkeit besteht
In der Demokratie.

Wirklich lachen
In einem Rechtsstaat.
Wirklich glücklich sein
In einem Rechtsstaat.

Freie Meinungen haben
Mit Menschenrechten.
Eigene Meinungen haben
Mit Menschenrechten.

Freunde treffen
In echtem Frieden.
Familien leben
In echtem Frieden.

Staat

Der Staat hat keine Macht,
Außer jene, die wir Menschen ihm gaben.

Der Staat lebt nicht allein,
Die Menschen hauchen ihm Leben ein.

Der Staat ist keine autarke Maschine,
Sondern ein gesteuertes Getriebe.

Lasst euch nicht für dumm verkaufen!

Schenkt ihren kranken, verrückten, bösen und gierigen Allmachtsfantasien keinen Glauben. Lasst euch die Freiheit nicht rauben: Der Staat seid ihr und nicht ein paar wenige. Ihr seid der lebendige Staat und nicht die paar Hanseln, die für ihn ackern. Ihr seid der wahre Staat und nicht die Politikerkaste.

In der Autokratie

Ketten:
Sichtbare und unsichtbare.

Überwachung:
Analoge und digitale.

Mauern
Mit und ohne Stacheldraht.

Eingesperrt
In einem Willkürstaat.

Geraubtes Glück.
Verkaufte Freiheit.

Endlose Knechtschaft
Und ewige Gefangenschaft.

Bedeutung

Den Wert der Menschen
Bemisst das System.
Fragst du dich, was der Einzelne
In der Autokratie zählt?

Der Herrscher zählt viel.
Doch Massen sind nur Schlachtvieh.
Der Herrscher ist alles.
Doch der Rest nur rechtlose Masse.

In der Demokratie
Zählt jeder von uns.
In der Demokratie
Sind wir alle wichtig.

Willst du also zählen,
Musst du die Demokratie wählen.
Willst du also Rechte haben,
Musst du die Demokratie bewahren.

Den Wert des Menschen
Bemisst das System.
Du solltest weise überlegen,
Damit du das Richtige wählst!

Ohne Gewalt

Das Ende der Demokratie
Ist der Krieg.
Das Ende der Diktatur
Ist der gewaltlose Frieden.

Das eine braucht Gewalt,
Um zu existieren.
Das andere kann nur ohne Gewalt
Überleben.

Kein Mensch braucht Gewalt.
Kein Mensch will Gewalt.
Ein paar psychisch Kranken
Nutzt Gewalt für ihre Intrigen.

Eine bessere Welt
Ist gewaltlos.
Eine bessere Welt
Ist friedlich.

Sei Teil der Veränderung
Und stoppe die Gewalt.
Sei Teil der Verbesserung
Und handle niemals gewalttätig!

Über den Autor:

Niemand,
Niemals,
Nirgendwo
Und doch durch den Urknall
Prädestiniert.